AF257232

P Zn
1807

LE TOMBEAU

DU

T. R. P. HONORÉ DE PARIS

BOCHART DE CHAMPIGNY;

Par le P. BONAVENTURE, Frère-Mineur-Capucin,

Postulateur de la Cause de Béatification.

(Avec la Permission des Supérieurs.)

TROYES,

BERTRAND-HU, IMPRIMEUR DE L'ÉVÊCHÉ.

—

1865.

LE TOMBEAU

DU

R. P. HONORÉ DE CHAMPIGNY.

CHAPITRE I.

Lieu de la Sépulture.

1° Le T.-R. P. Honoré (Bochart de Champigny) mourut à Chaumont, le 26 septembre 1624, sur les 6 heures du soir. Il était dans la 59ᵉ année de son âge, et la 39ᵉ de sa Profession religieuse dans l'Ordre des Frères-Mineurs Capucins de Saint-François d'Assise.

2° Le lendemain, vingt-septième jour de septembre, le corps du serviteur de Dieu ayant été descendu de l'infirmerie du Couvent, où il avait reçu les derniers Sacrements de l'Église et rendu le dernier soupir, selon l'usage de l'Ordre, on l'exposa dans l'église.

3° Le même jour après l'office des morts, le corps fut inhumé dans l'église des RR. PP. Capucins.

(Histoire de la Vie, Mort et Miracles du T. R. P. Honoré. Documents, etc.)

CHAPITRE II.

Ouverture du Tombeau.

Le tombeau a été ouvert et visité trois fois de 1632 à 1636.

1° La première visite eut lieu dans la nuit du 29 au 30 avril 1632, en présence de tous les Religieux du Couvent, et avec les autorisations : 1° du Vicaire général du diocèse, au nom de l'Évêque, et 2° du T. R. P. Provincial des PP. Capucins, ainsi qu'il est constaté par le procès-verbal et les lettres, dont les originaux se conservent aux Archives départementales. Voici la teneur de chacun de ces documents.

I.

ODÉDIENCE DU T. R. P. PROVINCIAL.

Ven^{do} in X^{sto} P. F. Silvestro. Parisino Prædicatori Ord^{is} FF. Minor. S. Franⁱ Capucinor. Nuncupator. Prov^æ Parisiensis, F. Paschalis Abbavillæus, ejusdem Ord^{is} et Pro^æ Pro^{lis} (licet immeritus), salutem in Domino.

Cùm per litteras R. P. Provincialis Lotharingiæ, nobis constet de ipsius beneplacito et licentia tibi concessa assistendi elevationi corporis R. P. Honorati faciendæ, et congruum ac justum, aliquem ex Patribus hujusce N^{ræ} Pro^æ tam piæ actioni assistere judicaverimus, tibi ad meritum salutaris obedientiæ libentissime concedimus ad hunc finem Calvomontem adire ; qua peracta, ad tuum Conventum redibis. Vade igitur in pace et Deum prædictumque Patrem Honoratum pro nobis deprecare digneris.

Datum Ambiani, 23 aprilis 1631.

F. PASCHALIS, qui supra.

Loco † sigilli.

Au R. en J.-C., P. F. Silvestre, de Paris, Prédicateur de l'Ordre des Frères-Mineurs de S. François, dits Capucins, de la Province de Paris, F. Pascal, d'Abbeville, du même Ordre, et Provincial de la province (quoique indigne), salut en Notre-Seigneur.

Le R. P. Provincial de Lorraine vous ayant volontiers accordé la permission d'assister au relèvement du corps du R. P. Honoré, ainsi que ses lettres nous le prouvent, nous avons pensé qu'il était convenable qu'un Père de notre Province fût aussi présent à cette œuvre pie ; c'est pourquoi, avec le mérite de la Sainte Obéissance, nous vous permettons d'aller à Chaumont pour le même sujet : Et l'œuvre accomplie, vous retournerez dans votre Couvent. Allez donc en paix, et priez Dieu ainsi que le susdit Père Honoré pour nous.

Donné à Amiens, le 23 avril 1631.

F. PASCAL, comme dessus.

Lieu † du sceau.

II.

OBÉDIENCE DU R. P. COMMISSAIRE DE LA PROVINCE DE LORRAINE.
Arch. Liasse des Capucins, N. 18.

Au Révérend Père Sylvestre, aux Capucins, à Chaumont.

Lieu † du Sceau.

Mon Révérend Père, très-humble salut en notre
Seigneur.

Notre R. P. Provincial, quoyque hors de Lorraine,
ne laisse d'avoir toute authorité sur les Couvents de
Champagne. Je ne doute pas que son intention n'ayt été
avant son départ de vous accorder votre demande. C'est
très-juste et raisonnable : et me persuade qu'il vous
aura répondu ; mais il a recognu que toutes ses lettres,
ou la pluspart, étoient interceptées, comme de fait, cela
est arrivé trop souvent. Avant sa sortie de ce Couvent,
il m'a fait voir une lettre de Votre Révérence, tendant
à mesme fin que celle que vous avez daigné m'es-
crire ; pour response de laquelle je vous diray, que
quand je n'aurais pas succédé à l'authorité du dit R.
Père, je le désirerais de tout mon cœur, pour contri-
buer non seulement mon consentement ; mais encor
tout mon petit póuvoir à l'advancement de la gloire de
Dieu qui esclattera, comme j'espère, en la béatification
du feu R. P. Honoré ; et je prie Dieu d'advancer vos
bons et saincts desseins. Je vous accorde donc, autant
que je puis, et de toute l'estendue de mon pouvoir,
vostre requeste. Le R. P. Julien de Dombal, qui est ici
présent, y preste très-volontiers son consentement, c'est
le quatrième Diffiniteur. Travaillez donc heureusement,
et procurez la gloire de Dieu et de son sainct, aux priè-

res duquel je me recommande, et aux vostres, mon Révérend Père, demeurant pour jamais,

Votre très-affectionné,

FRÈRE JOSEPH DE VEZELISE, Capucin.

De Mirécourt, ce 27 septembre 1635.

Le R. P. Julien de Dombal me faict adjouter que le bon et sainct père Honoré avait été son premier maistre, et qu'il avait été son premier novice.

Au R. P. Sylvestre de P.

III.

LETTRE DU VICAIRE GÉNÉRAL.

Ego Nicolaus Janniot, Canonicus, Archidiaconus, nec non Reverendissimi Domini Episcopi Lingonensis Vicarius Generalis, requisitus à R. Patre Guardiano Calvomontani Capucino, ut tumulus R. P. Honorati, Parisini, possit aperiri et ossa ejusdem Patris in loco honesto reponi, annuo tali petitioni.	Moi, Nicolas Janniot, Chanoine, Archidiacre et Vicaire Général du Révérendissime Seigneur, Evêque de Langres, requis par le R. P. Gardien, de Chaumont, Capucin, de permettre l'ouverture du tombeau du R. P. Honoré, de Paris, et la déposition de ses os dans un lieu plus convenable, je consens à cette demande.
Datum Lingonis, 27 aprilis 1632.	Donné à Langres, le 27 avril 1632.
JANNIOT.	JANNIOT.

SUSCRIPTION : *A Messieurs, Messieurs les Maire et Echevins de la ville de Chaulmont-en-Bassigny — A Chaulmont.*

Les Religieux placèrent sur le corps, qui n'était pas encore consommé, une lame de plomb, portant l'inscription suivante :

Le 19 avril, l'an du Seigneur 1632, cette lame a été enfermée dans ce tombeau, afin que ceux qui la verront sachent qu'ici reposent les os du R. P. Honoré, de Paris, Capucin, décédé l'an du Seigneur 1624, le 26 de septembre.

Die 19 aprilis, anno Domini 1632. Hæc lamina recondita est in hoc tumulo ut sciant inspecturi hic jacere ossa Reverendi Patris Honorati, Parisini, Capucini, qui obiit anno Domini 1624, 26 septembris.

IV.

PROCÈS-VERBAL DRESSÉ PAR LES RELIGIEUX.

Au nom du Seigneur, amen.

Nous, soussignés, attestons devant Dieu et ses Anges que, le 30 avril de l'an 1632, après le coucher du soleil, en présence des Pères et des Frères de ce Couvent, du consentement de l'Illustrissime et Révérendissime Evêque de Langres, aussi du R. P. Provincial de la Province de Champagne et Lorraine, et avec l'autorisation de M. Janniot, Vicaire Général dudit Evêque, donnée par écrit et ajoutée au bas du présent, Nous avons ouvert la tombe du R. P. Honoré, de Paris, Capucin ; et ayant trouvé son corps non entièrement consommé, nous avons déposé une lame de plomb pardessus, pour témoignage à la postérité de l'identité dudit corps du R. P. Honoré, et ensuite nous avons placé une pierre sur ladite sépulture, qui est au milieu de l'Eglise, devant le crucifix.

Fait dans ce Couvent des Frères Capucins de Chaumont, l'an 1632, le 30 du mois d'avril.

Frère Mathieu, de Saint-Dizier, Gardien de Chaumont ;

In nomine Domini, amen.

Nos infra subsignati fidem facimus coram Deo et Angelis ejus, die 30 aprilis anni 1632, post solis occasum, præsentibus Patribus et Fratribus hujusce conventus cum consensu Illustrissimi et Reverendissimi Antistitis Lingonensis, item R. P. Provincialis provinciæ Campaniæ et Lotharingiæ, necnon cum licentia domini Janniot, ejusdem Antistitis Vicarii Generalis in scripta data et hic infra apposita, R. P. Honorati, Capucini Parisini tumulum aperuisse, et invento corpore nondum penitus corrupto, laminam in plombo desuper apposuisse ad fidem posteritati de identitate corporis ipsius dicti P. Honorati faciendam ; et postea desuper tumulum ante crucifixum, in medio Ecclesiæ, lapidem posuisse.

Datum in hoc Calvomontano Conventu Fratrum Capucinorum, anno 1632, die 30ª mensis aprilis :

F. Mathæus, San Dezideriensis, Guardianus Calvomontanus ;

F. Irenæus, Catalaunensis, Guardianus FF. Capucinorum Lingonensis Conventus ;

Frère Irénée, de Châlons, Gardien du Couvent des Frères Capucins de Langres ;

F. Silvester, Parisinus, Capucinus Provinciæ Parisiensis ;

Frère Silvestre, de Paris, Capucin de la Province de Paris ;

F. Thomas, Barroducæus, Predicator Provinciæ Lotharingiæ.

Frère Thomas, de Bar-le-Duc, Prédicateur de la Province de Lorraine.

2° La seconde visite eut lieu le lendemain 30 avril 1632. Il existe deux procès-verbaux dressés, le premier, par MM. les Maire et Echevins ; le second, par M. Perret, Conseiller du Roi, Lieutenant général au Bailliage et Siége Présidial de Chaumont. Le premier est rapporté dans les *Documents Historiques,* n° 111, page 12. Voici la teneur du deuxième :

« L'an 1632, le vendredi trentième et dernier jour d'avril, Nous, Pierre Perret, Escuyer, Conseiller du Roy notre Syre, Lieutenant général au Bailliage et Siége présidial de Chaumont, estant en nostre hôtel, heure de une après midi, aurions été averti qu'il se faisait une émotion par le peuple au-devant de l'église des PP. Capucins de notre ville, ce qui nous aurait meu de faire avertir le Procureur du Roy en ce Bailliage, et nous transporter avec lui et notre greffier au Couvent desdits Pères Capucins pour voir ce qui s'y passait ; et estant arrivé au-devant de l'Église dudit Couvent, aurions trouvé un grand nombre de peuple assemblé, en sorte que nous n'y aurions entré qu'avec beaucoup de peine ; où étant, nous aurions demandé au P. Mathieu, gardien dudit Couvent, d'où pouvait provenir le tumulte et assemblée qui se faisait au-devant de leur maison ; lequel nous aurait dit que le R. P. Silvestre, assisté du P. Boniface, tous deux Capucins de la Province de Paris, estant arrivé le jour d'hier en ce lieu, ledit P. Silvestre , chargé d'une Commission du R. P. Provincial de leur Ordre, avec le consentement du Seigneur Révérend Evesque et Duc de Langres, et du Sieur Janniot, son Grand Vicaire, pour faire ouverture du tombeau où est conservé le corps du R. P. Honoré, Capucin, décédé en cette ville de Chaumont, dès le 26 septembre 1624, et déposé en leur Église, afin de ramasser les ossements dudit corps, les remettre en même lieu et plus reveremment qu'il n'estoient si faire se pouvait, comme aussi prouver l'identité du corps d'icelui deffunt, et en rendre témoignage à la postérité ; pour quoy faire, ils auraient le jour d'hier, sur les huit heures du soir, fait ouverture dudit tombeau et trouvé le corps dudit deffunt P. Honoré, non encore du tout consommé, ce qui les aurait occasionné de le laisser en même état, s'estant contentés d'y mettre une lame de plomb, sur laquelle sont gravés les mots qui ensuivent : *Anno Domini* 1632, *die* 29 *aprilis, hæc lamina recondita est in hoc tumulo ut sciant inspecturi hic jacere ossa R. P. Honorati Parisini, Provincialis Capucini, qui obiit anno Domini* 1624, *die* 26 *septembris :* laquelle lame estant ainsi posée sur le corps, ils auraient remis la terre et le tombeau sur iceluy ; et que ce matin comme le peuple a accoutumé de venir entendre la messe en leur Église, quelques-uns s'etant apperçus qu'on avait remué ladite tombe, ils se seraient persuadé qu'on aurait enlevé ledit corps, ce qui a pu donner sujet à laditte émotion : pour laquelle faire cesser, nous a ledit P. Gardien supplié d'interposer notre authorité, sur quoy ledit Procureur du Roy ouï et ce requerant après avoir conféré avec MM^r. du Clergé de cette ville, Maire, Eschevins et nombre des principaux habitants de laditte ville ; estant audit Couvent, nous avons en leur présence fait faire ouverture dudit tombeau, par deux religieux Capucins, laquelle

ouverture faite, s'est trouvé ledit corps n'avoir esté remué et laditte lame de plomb fraichement posée sur
l'estomac, portant l'inscription susdite ; ce que nous
avons veu et reconneu avec toute l'assistance ; et sur ce
que nous avons demandé au P. Gardien pourquoi ils
avaient fait ladite ouverture nuitemment, il nous aurait
fait réponse que c'estoit pour éviter aux inconvéniens
qui pouvoient arriver s'ils l'eussent fait de jour et à autre heure ; estant ledit deffunt Père Honoré fort aimé
en cette ville, et sa mémoire grandement chérie et hono-
rée par tout le peuple ; dont et de quoy avons dressé le
présent procès-verbal. Ce fait, nous sommes sortis dudit
Couvent, et avertis le peuple de ce qui s'estait passé, et
à un chacun de se retirer en sa maison ; en témoignage
de quoy nous avons signé le présent procès-verbal avec
ledit Procureur du Roy, les assistants, et Simon Bruant,
commis au greffe de ce Bailliage ; les an et jour sus-
dits. — Perret, Lieutenant général ; — Depoiresson,
Procureur du Roy ; — Michel, Abbé du Val-des-Éco-
liers et Général de l'Ordre ; — Hurel, Chanoine et Trésorier ; — P. Beaupoil, Chanoine ; — A. Fagotin, Chanoine ; — M. Ladrange, Chanoine et Procureur du
Chapitre ; — F. Savetier, Chanoine ; — J.-B. Popinet,
Chanoine et bachelier formé en théologie ; - Alexandre
Degrand, Lieutenant criminel ; — J. de Gondrecourt,
Lieutenant particulier ; — F. Julyot, Conseiller du Roy
au Présidial ; — F. Gaulcher, Conseiller du Roy au
Présidial ; — R. Monginot, Conseiller du Roy au Présidial ; — Bruant, Commis. »

3° La troisième visite de la sépulture du P. Honoré
eut lieu le 1ᵉʳ août 1636, à l'effet d'implorer la protec-
tion du Serviteur de Dieu contre les ravages de la peste
qui désolait la contrée.

Les ossements, levés de terre, furent lavés avec du vin mêlé d'eau, enveloppés d'un damas de soie et placés dans un cercueil en chêne, lequel fut à son tour enfermé dans un cercueil de plomb, avec l'inscription suivante, gravée sur une lame en cuivre. Cette lame devait être attachée à la caisse de bois :

A Dieu seul Honneur et Gloire! Acte de piété filiale des habitants de Chaumont, ravagés par la guerre et la peste. Par les soins de MM. Jean Paillot, Ecuyer, Seigneur de Nourry, Maire de la ville, de Mamès Duprey et Claude Piat, Echevins, les ossements du P. Honoré de Champigny, de Paris, Capucin, qui reposaient ici depuis l'année 1624, y furent replacés plus honorablement le 6 des Calendes 1636, avec la permission du Révérendissime Seigneur Sébastien Zamet, Evêque de Langres, et par le ministère du R. P. Placide, Gardien de ce Couvent de Chaumont.

Soli Deo Honor et Gloria! Calvomont. cives peste armisque grassantibus, hæc religio. P. Honorati a Champigny, Parisini, Capucini, ossa, curantibus DD. Joan. Paillot equite Domino a Noury urbis majore, ac D^{nis} Mamete Duprey et Claudio Piat, scabinis, quæ ab anno 1624, hic humi jacuerant, de mandato R^{mi} DD. Sebastiani Zamet, Ling. Ep. per ministerium R. P. Placidi Calv. hujus conventus Guardiani, honorificentius collocaverunt. Kal. Sext. 1636.

Tous ces faits se trouvent relatés au procès-verbal, dressé à cette occasion, et conservé dans les Archives, liasse des Capucins, n° 33. En voir le texte : *Documents Historiques, etc.*, n° VIII, page 35.

L'histoire ne signale aucune autre ouverture de la sépulture jusqu'a la révolution française.

———

CHAPITRE III.

Etat extérieur du Tombeau.

La commission chargée de l'enquête canonique pour la Béatification du serviteur de Dieu, décrit elle-même l'état du sépulcre, dans sa séance du 16 septembre 1637. Voir *Documents Historiques, etc.*, n° IX, page 42.

Le procès-verbal de 1632 déclare que, déjà à cette époque, le sépulcre du R. P. Honoré était couvert d'une pierre tombale. Il se tait sur l'inscription. Mais il en existait une, quand eut lieu la troisième ouverture, en 1636, puisque la Mairie fit ajouter quelques mots pour rappeler le motif de cette nouvelle visite.

Première inscription :

Soli Deo Honor et Gloria !
Hic jacet R. P. F. Honoratus, Parisinus, Capucinus, Diffinitor Capituli Generalis, octavus Franciæ et primus Lotharingiæ Provincialis ; ac in diversis Provinciis sæpe Commissarius Generalis, qui sicut in vita amabilis valde, et multum tam a suis, quam ab exteris honoratus; sic in morte et maxime in funeribus est supra modum honoratus. Obiit in æternum honorandus in hoc conventu. Anno Domini 1624, die 25 septembris.
Sic honorabitur quemcumque voluerit Rex honorare.

A Dieu seul Honneur et Gloire!
Ci gît le R. P. F. Honoré, de Paris, Capucin, Definiteur du Chapitre-Général, huitième Provincial de France et le premier de Lorraine, et plusieurs fois Commissaire général en diverses Provinces : comme il a été très-aimable en sa vie, il a été aussi très-honoré tant par sa Province que par les étrangers, et honoré spécialement en sa mort et en ses funérailles. Il mourut en ce Couvent pour être éternellement honoré, l'an de Notre-Seigneur 1624, le 26ᵉ jour de septembre.
Ainsi sera honoré celui que le Roi voudra honorer.

La Mairie fit ajouter en 1636 :

Or, l'an 1636, le premier jour du mois d'août, d'après le vœu de la population Chaumontaise, alors que la peste sévissait avec rigueur, du consentement de l'Illustrissime et Révérendissime Seigneur Evêque de Langres, les ossements du R. P., enveloppés dans la soie et renfermés dans un cercueil de plomb, furent replacés dans ce même lieu d'une manière beaucoup plus convenable.

Anno verò 1636, die primâ mensis Aug. ex pop. Calvomont. voto. sæviente pestilentia, de Illustr. et Reverend. DD. Ling. Episc. facultate, dicti R. P. ossa plumbeâ et sericâ capsulâ decentius involuta, hoc eodem loco recondita sunt.

La copie de l'enquête appartenant à la bibliothèque de la ville, signale une légère modification qu'on fit plus tard. Elle dit : *Primus Campaniæ et Lotharingiæ.*

D'après la même copie, en dessous de ces deux inscriptions, un peu à droite, on voyait gravé le blason du Maire, J. Paillot, d'une famille originaire de Troyes.

Deux auteurs disent que la tombe était en marbre : Benoit de Toul ; — Marcellin de Pise.

La grille de fer qui environnait la tombe avait en hauteur de 12 à 15 centimètres. Elle avait été placée, en 1636, par la Mairie elle-même.

Le Tombeau occupait le milieu de l'Église. La *Liste des Merveilles*, ouvrage imprimé en 1639 et 1641, le place à environ 12 *ou* 13 *pieds* de la table de communion ; tandis que d'après l'enquête, elle en eût été à environ 15 *ou* 16 *pieds.* L'histoire de Chaumont indique le lieu occupé aujourd'hui par l'orchestre.

Tel fut l'état du Tombeau jusqu'au jour où l'Église des PP. Capucins fut destinée à des usages profanes.

CHAPITRE IV.

Ce que devint l'Eglise des PP. Capucins.

A l'époque de la révolution, l'Eglise et le Couvent furent déclarés propriété nationale avec leur mobilier respectif.

1° Deux inventaires du mobilier de l'Eglise furent dressés par des membres de la municipalité, le premier, le 23 mai 1790, le second, le 27 janvier 1792. On n'y fait mention ni de la grille ni de la tombe du bon Père.

2° La vente du mobilier de l'Eglise eut lieu le 24 décembre 1792. Comme il est déclaré dans le second inventaire que le mobilier est laissé sous la responsabilité du Supérieur, l'Eglise a dû servir au culte religieux jusqu'au jour de la vente.

Un incident vint interrompre la vente. « Et à l'instant » voulant procéder à la vente et adjudication des Boi- » sures, Chaire à prêcher et des Confessionnaux placés » dans ladite Eglise, est comparu le citoyen Pierre- » Michel Ruffey, lequel nous a déclaré qu'il était oppo- » sant et qu'il s'opposait formellement à ce qu'il soit » procédé à la vente et adjudication de toute la Boisure » placée dans l'enceinte de ladite Eglise, en sa qualité » de soumissionnaire, etc., etc. » On suspendit en effet la vente de ces objets. L'opposition de Ruffey, mise en délibération par le Conseil général le 6 janvier suivant, fut renvoyée au Directoire et rejetée par lui le 26 avril 1793. Ces boiseries n'avaient pas été déplacées. Elles furent vendues et enlevées le 26 juin 1794, par ordre du Conseil général, sur la demande de la Société populaire qui voulait employer le local à la représentation d'une pièce républicaine. (*Registre des Arrêtés du Conseil général, n° 124, f° 85.*) Le 28 mars précédent, 1794, on établissait un atelier de salpêtre dans la maison (même registre, f° 14). Eut-on besoin de l'Eglise, rien ne le prouve. Au contraire, la Société populaire adressait pétition sur pétition pour établir son siége dans cette Eglise : 9 avril 1794 (20 germinal), 27 mai 1794 (8 prairial), 26 juin 1794 (8 messidor An iie de la République). Enfin, le 23 août 1794 (6 fructidor An iie), le Conseil général régularisait l'occupation provisoire par la délibération suivante :

« . . . . . Le Conseil général de la commune de
» Chaumont..... considérant enfin que tous les citoyens
» de la Commune, réunis à la Société populaire et aux
» membres des autorités constituées dans le temple de
» l'Eternel, le décadi, ont demandé à la Convention
» nationale, à la suite d'une adresse, la libre disposi-
» tion des Eglises, ci-devant paroissiale de Saint-Jean,
» succursale de Saint-Michel et celle des Capucins, et
» des restes du mobilier en bois, fer, linges et étoffes
» communes qui pouvaient s'y trouver; savoir, les édi-
» fices, pour être employés l'un comme temple à l'Eter-
» nel, et serait le lieu du rassemblement lors de la lec-
» ture des lois et de la célébration des fêtes décadaires
» et autres; le second, pour faire une halle et un ma-
» gasin à bled; le troisième, pour y placer la Société

» populaire et y élever un théâtre..... et le mobilier,
» pour établir des bancs et recevoir commodément le
» peuple réuni dans le temple de l'Eternel, dans le lieu
» des séances du Conseil général, de la Société popu-
» laire et des spectacles : les linges et étoffes communes
» pour être employés à l'hôpital et autres établissements
» de bienfaisance, et aux décorations théâtrales ; le jeu
» d'orgue, pour aider ou suppléer à la musique dans
» les fêtes décadaires ;

» Que cette pétition renvoyée par la Convention na-
» tionale aux comités compétents et restée jusqu'à ce
» jour sans réponse, étant connue des corps adminis-
» tratifs qui y ont pris part et l'ont signée met à leur
» égard la municipalité de Chaumont à l'abri de tout
» reproche de négligence ou de retard dans l'exécution
» d'une loi dont les dispositions ne lui sont point rigou-
» reusement applicables ;

» L'agent national entendu

» Arrête.... qu'il va être adressé copie de la présente
» délibération aux Représentants du peuple, à leur
» arrivée dans le département, et à la Convention na-
» tionale, avec une nouvelle pétition à l'effet d'obtenir
» réponse à la première. » (*Arch. dép. — Inventaire
des Biens, Revenus, Archives et Mobilier des Etablisse-
ments religieux, Fabriques, etc.*)

Cette première pétition est déjà mentionnée dans une délibération du 19 avril précédent (30 germinal An IIe).

L'acte qu'on vient de lire était une prise de possession définitive de l'Eglise des Capucins et de sa transformation en salle de spectacle.

Il ne paraît pas qu'elle ait servi à d'autres usages, malgré les différents projets soumis à la Municipalité, et pour la plupart adoptés en principes ; ainsi :

En 1792, le 23 décembre, la vente de toute la propriété était affichée, et le Conseil, après délibération, décida que la ville l'achèterait. L'Eglise devait recevoir une destination particulière. Ce dessein ne fut pas exécuté à ce moment, car la ville n'acheta qu'en 1805 :

« Du 2 thermidor An xiii (21 juillet 1805).

» Le Conseil assemblé, les commissaires nommés » par la délibération du 15 floréal, ont fait leur rapport » sur l'emploi de la maison aliénée par le gouverne- » ment au profit de la ville et ont déposé sur le bureau » le plan de la salle de spectacle et de ses dépen- » dances.....

» Par leur rapport, les commissaires ont désigné » l'Eglise, l'ancien Chœur, la Sacristie, pour y recevoir » le spectacle et ses dépendances.....

» Le Conseil approuvant le rapport....

» Considérant que depuis plusieurs années l'Eglise » et la Sacristie de la maison des Capucins ont été con- » verties en une salle de spectacle et foyer ;

» Que la ville, devenue propriétaire, peut, sans beau- » coup de dépenses, donner la forme et la décoration » nécessaires à une salle de comédie, en se conformant » au plan présenté par la Commission, ne s'agissant » que de travailler à l'intérieur du local....

» Est d'avis des dispositions suivantes :

» Art. 2. L'Eglise, l'ancien Chœur et la Sacristie » continueront d'être employés à une salle de spectacle » et dépendances; il y sera fait les ouvrages indiqués » par le plan, etc..... » (*Reg. des délib.*)

———————

CHAPITRE V.

De l'ouverture du tombeau à l'époque de la Révolution française, en 1793 ou 1794.

Il existe encore aujourd'hui dans la ville de Chaumont des personnes qui ont vu la tombe du P. Honoré, où les avaient apportées leurs pieuses mères. Leurs souvenirs sont assez précis pour en donner la description, et leur récit est tout à fait conforme à ce qui a été dit plus haut. Leurs dépositions ont été reçues les 24 et 25 novembre 1863, par les membres de la Commission que Mgr l'Evêque voulut bien instituer à cet effet. (*Documents,* 2e *appendice, n° 111, page 150.*) Témoins appelés : MM. Nicolas Berthier, Nicolas Durupt, Jérôme Genuys, François Didier, Lambert, Pierre Voillemin, François Rampillon, etc. MM^{mes} De Bresson, Françoise Caumont, etc.

Cette tombe si chère aux Chaumontais a disparu. Les témoignages sur ce point sont unanimes, et la présence de quelques ossements du bon Père, religieusement conservés jusqu'à ce jour, en font foi. Les témoins précités assurent que la tombe fut ouverte sur l'ordre envoyé par la Convention nationale d'enlever tous les plombs qui pouvaient se trouver dans les édifices publics et les établissements religieux confisqués avec tout leur actif au profit de l'Etat. Des témoignages traditionnels dans plusieurs familles donnent la même raison. En 1859, il a été assuré de la part du Père Parisel, que les travaux concernant la spoliation des Eglises avait été surtout confiés à MM. Louis Colin, Caland et Jobard. Ces noms se trouvent en effet sur des mémoires du temps pour ces genres de travaux, tels que l'enlèvement des fers, des insignes de la royauté dans les Eglises, la descente des cloches, des cordes, etc., etc. On ne trouve de mémoires que pour les plombs de Saint-Jean, et cependant on enleva dans plusieurs autres églises une quantité considérable de plomb.

1° De la petite grille de fer qui environnait la pierre tombale.

Elle a dû être enlevée après l'arrêté suivant :

« Du 13 novembre 1792.

» Le Directoire, etc.... portant que par procès-
» verbal du 11 septembre, même année, la fabrication
» des piques, etc....

» Arrête :

» Chaque district devra sans délai dresser un inven-
» taire exact et détaillé du poids des grilles en fer,
» balustres, appuis de communion, battants et ferre-
» ments de cloches, et autres ouvrages en fer qui se trou-
veront dans les maisons religieuses supprimées, etc. »
(*Reg. n° 5. — Administration départ., Affaires géné-
rales, Délibérations, f° 65.*)

Cependant les registres de la Commune ne signalent les enlèvements des fers que dans l'année 1793, quelques mois après la vente mobilière qui fut faite le 24 décembre 1792. L'Eglise des Capucins fournit 1182 livres de fer, d'après l'*Etat des corps métalliques déposés au magasin du district de Chaumont.* Les notes des dépôts successifs ne portent ni la date de l'enlèvement ni la provenance des fers.

2° Du cercueil de plomb qui recouvrait le cercueil de chêne.

Les lois ordonnant d'enlever tous les plombs des Eglises, etc., sont des 13 et 15 septembre 1792. Quel-

ques mois plus tard une circulaire en presse l'exécution.
Elle renferme un mot relatif aux *tombeaux*.

Le 2 décembre 1793 (12 frimaire An ii), le Ministre
de la guerre écrivait :

« La loi qui met en réquisition les objets qui peuvent
» être utiles au service de l'artillerie, reçoit en ce mo-
» ment son entière exécution.... mais une partie de ces
» objets peut échapper aisément aux yeux les plus vigi-
» lants. Je crois de mon devoir de vous rappeler qu'il
» existe dans les souterrains et caveaux destinés aux
» sépultures.... une quantité considérable de fers et de
» plombs.... Je vous invite à faire enlever des souter-
» rains et caveaux ces matières métalliques....

» Le salut et la conservation de nos concitoyens exi-
» gent que vous preniez les mesures que la prudence
» requiert dans ces ouvertures ; pour que leur santé ne
» soit pas compromise, vous pourrez pratiquer celles
» prises par la Municipalité de Paris, qui consistent à
» transporter et fondre en lingots de 20 à 25 livres, les
» cercueils, dans des endroits découverts et bien aërés,
» pour en retirer et faire consommer avec de la chaux
» ce qu'ils renferment, sans aucun danger. »

Ces lois sur les plombs furent enregistrées à Chaumont quelques jours après leur réception. Le Couvent
des Ursulines servait de dépôt.

Le 10 avril 1794 (21 germinal An ii), Ordre émané
de la division des armes portatives.

Le 21 avril 1794 (2 floréal An ii), Lettre de Zameth,
commissaire, à l'Agent national du district de Chaumont.

Le 12 mai 1794 (23 floréal An ii), Dépôt de plomb
dans le magasin.

Le 15 mai 1794 (26 floréal An II), Envoi à la division.

Dans d'autres registres et liasses on trouve les chiffres suivants :

Le 21 mars 1794 (1er germinal An II), l'Administration met en réquisition les plombs déposés ;

Le lendemain, 22 mars, la Municipalité répond qu'ils sont prêts ;

Et le 26 mars on remit au commissaire du district, 27,447 *livres* de plomb. La ville en livrait pour sa part 26,837 livres.

Dans sa délibération du 23 août 1794 (6 fructidor An II), le Conseil général déclare : « qu'antérieurement » au décret (loi du 13 brumaire — 3 octobre 1793), » la Municipalité de Chaumont avait offert en don pa- » triotique et fait déposer au district tout le mobilier » et les matières d'or et d'argent, les galons et étoffes » en or et argent, les cloches, cuivres, plombs et fers » provenant non-seulement des succursales de Saint- » Michel et Saint-Agnan, de l'Hôpital, chapelle de » Lorette, de Saint-Roch et des prisons, les seules » Eglises particulières et succursales existantes dans la » commune, mais encore tous les effets, meubles et » matières de même nature appartenant à l'Eglise pa- » roissiale de Saint-Jean. »

La loi du 13 brumaire ne parle pas des Eglises des Communautés supprimées, parce que depuis plus d'un an ces Eglises étaient employées à des usages profanes.

On peut conclure de tout ce qui précède, que le tombeau du P. Honoré a dû être ouvert à l'époque de la vente du mobilier de l'Eglise, c'est-à-dire dans les derniers jours du mois de décembre 1792 ou dans les premiers mois de l'année 1793, au plus tard. Cette con-

clusion se trouve corroborée du projet émis par l'Agent
national, le 23 décembre 1792, d'acheter toute la propriété et de disposer le local soit pour y établir des
écoles, soit pour en faire une prison, soit pour trans-
former le tout en caserne ou en hôpital. La loi sur l'enlèvement des plombs existait, était mise en vigueur; on
écrivait de Paris lettres sur lettres pour en presser
l'exécution. Et ainsi on pourrait adopter volontiers le
dire de Louis Colin à son gendre Parisel : « que lors-
qu'il eut, avec Caland et Jobard, enlevé les fers, on
leur commanda d'enlever le plomb du tombeau du
P. Honoré. »

Enfin, que le tombeau ait été ouvert pour en extraire
le plomb, on peut le croire, d'autant plus que les témoignages sont appuyés par le fait suivant tiré de
l'*Etat des Corps métalliques.... déposés au Magasin du
District, etc.*, dressé et arrêté *le* 23 *mars* 1795 (3 *germinal An* III).

Corps métalliques provenant des Eglises, etc. :

		Plomb.
Chaumont,	Saint-Jean.	8,732 liv.
Id.	Le Collége.	5,479
—	L'Hôpital	2,334
—	Saint-Agnan	»
—	Saint-Michel.	1,708
—	Chapelle des Prisons. .	12
—	Les Capucins	114
—	Les Carmélites	2,174
—	Les Ursulines	6,284

On a tiré de l'Eglise des Capucins, 114 livres de
plomb. D'après l'inspection de l'édifice, on se convainct
qu'on avait observé les usages de l'Ordre séraphique
dans la construction, et la provenance de ce plomb ne

peut s'expliquer autrement que du tombeau. L'inventaire du mobilier du Couvent et de l'Eglise ne signale aucun objet de cette importance.

Le poids, il est vrai, ne paraît pas indiquer un cercueil d'une grande dimension; mais on le trouve suffisant, si l'on remarque l'expression dont la Municipalité s'est servie soit dans le procès-verbal de l'ouverture du tombeau en 1636, soit dans les lignes qu'elle ajouta à l'épitaphe gravée sur la pierre sépulcrale :

Les chairs étaient consommées; on recueillit les ossements, on les renferma dans une petite caisse de bois de chêne et on recouvrit cette PETITE CAISSE D'UNE FEUILLE DE PLOMB : *Lignea capsula ferro exteriusque arcaque plumbea undequaque munita. — Ossa plumbeâ et sericâ capsulâ.*

On emploie le mot *capsula* pour dire une châsse ou cassette destinée à recevoir les ossements des saints. C'était donc une petite caisse et non un cercueil ; ce qui réduit les proportions et nous donne raison du chiffre 114 livres, y compris la petite lame de plomb renfermée à l'intérieur.

M. Mathieu a transcrit l'inscription de cette lame : L'avait-il prise dans l'histoire? Avait-il vu la lame elle-même? Il ne le dit pas.

CHAPITRE VI.

Des Restes mortels du Serviteur de Dieu.

Le T.-R. P. Honoré avait répandu partout la bonne odeur de Jésus-Christ. Par sa vertu humble et douce, il avait mérité la confiance et le respect des peuples. C'est pourquoi, après sa mort, chacun ambitionnait le bonheur de posséder les objets qui avaient été à l'usage de ce pauvre évangélique. Tous ces vêtements furent mis en pièces et distribués aux fidèles. Dieu récompensa la confiance qu'on avait en son Serviteur, et le respect religieux avec lequel on gardait ses Restes mortels.

§ I.

1° L'Habit qu'il portait à sa mort fut partagé entre les Religieux et les séculiers.

2° Une Manche de cet habit fut donnée toute entière à Mlle Dehault. En 1632, il ne lui en restait presque plus.

3° La Corde fut donnée à la même personne, qui en remit au P. Silvestre un bout de seize centimètres environ. Ce bout fut distribué à sept ou huit monastères, savoir : aux Capucines de Paris, de Marseille et d'Amiens ; aux Filles-Dieu de Paris, et à d'autres Religieuses.

4° Le Manteau fut donné par le Provincial, et porté par le F. Wilfran, aux Capucines d'Amiens, qui le conservent encore aujourd'hui avec vénération, ainsi que le bout de la Corde dont il vient d'être parlé.

Monastère des Capucines d'Amiens, 28 mars 1859.

MON RÉVÉREND PÈRE,

Nos cœurs se sont réjouis à la nouvelle que l'on pensait à reprendre le procès de Canonisation du Vénérable et Très-Révérend Père Honoré, de Champigny, dont la mémoire a toujours été précieuse à notre Communauté. Je me rappelle que nos anciennes Mères, qui rétablirent le couvent après la révolution de 93, nous parlaient toujours de ce grand Serviteur de Dieu comme d'un Saint, et nous disaient qu'il avait fait beaucoup de miracles. Nous avons la relation manuscrite de quelques-uns, et une imprimée, avec la copie du Procès-Verbal et l'approbation de l'Archevêque de Paris, au sujet de la guérison miraculeuse d'une Capucine, par l'intercession du R. Père Honoré. Enfin nous possédons encore son manteau, avec des parcelles de sa corde et même de ses ossements. En outre, nous conservons dans nos Archives un gros paquet de lettres de ce bon Père, non pas écrites à notre Communauté, mais que nos anciennes Mères ont su se procurer des personnes mêmes à qui elles étaient adressées ; deux ou trois de ces lettres conservent encore en entier la signature du Révérend Père; toutes les autres ont été coupées. On a eu soin d'écrire sur chaque lettre, *qu'on a coupé la signature du R. P. Honoré par dévotion,* et que cette signature a opéré des guérisons et obtenu des grâces et des faveurs par l'intercession du R. Père.

Ainsi, venez, mon R. P.; nous vous montrerons tout cela ; vous verrez par vous-même les pièces.

Croyez-nous, etc.

Sr Saint-Pierre, Abbesse des Clarisses Capucines.

Les lettres conservées sont au nombre de 18, dont 5 avec signatures ; et sur 14 on lit : *Par dévotion, on a coupé la signature;* et sur l'une on lit : *Plusieurs qui ont eu et porté semblable signature ont été guéris.* L'enquête contient en effet plusieurs faits de ce genre. — *Liste des Merveilles, année* 1635.

5° Le chapelet fut confié à la personne ci-dessus désignée, Mlle Dehault.

6° La gondole (verre) fut aussi confiée à la même personne.

7° Le bandeau de tête qui avait servi au Serviteur de Dieu dans sa dernière maladie, d'abord remis à la même personne, fut par elle donné à M. De Noyers, neveu du P. Honoré.

8° Un autre bandeau de tête fut donné à M. Nervost, de Troyes.

9° Plusieurs mouchoirs furent donnés l'un à M. Piat, propriétaire de la maison où descendait le P. Honoré, rue de l'Ange; et d'autres aux Religieuses Ursulines de Chaumont.

10° Une lizière ou ceinture dont se servait le P. Honoré pour relever son habit dans ses voyages, fut donné à M. Curely, avocat.

11° Les courroies de drap qui servaient à soutenir les sandales furent données à d'autres personnes.

12° On gardait plusieurs autres objets, tels que le bâton de voyage, un capuce de drap qui couvrait sa tête dans les temps de pluie ou de neige, plusieurs chapelets, etc., etc., de ses cheveux, de sa barbe, qu'on avait coupés ou arrachés à l'Eglise, avant que le corps fut couvert et descendu dans son sépulcre.

13° Un témoin déclare que jusqu'à la révolution, on conservait dans une cellule le bâton de voyage et une paire de sandales.

14° On recueillait et on conservait précieusement la poussière qui s'amassait sur sa tombe, les herbes et les fleurs que l'on y apportait par dévotion.

15° Une maille d'une ceinture en fer me fut remise avec attestation qu'elle avait appartenu au P. Honoré. La suscription est ancienne.

§ II.

En 1632, quand la tombe du Serviteur de Dieu fut ouverte pour constater l'identité du corps, quelques petits ossements en furent extraits ; on prit aussi des fragments de l'habit avec lequel il avait été enterré, de la peau et de la terre qui environnait le précieux corps.

En voici des preuves :

1° Extrait des Archives des Clarisses Capucines d'Amiens.

Au nom de Nostre Seigneur. Amen.

Vénérables Mères, très-chères Sœurs et Filles bien affectionnées en Nostre Seigneur :

La grâce et la paix de nostre Dieu vous soient augmentées. Estant venu en cette ville pour les affaires de nostre Glorieuse Mère Sainte Colète : et vous ayant donné un très-beau Reliquaire en broderie sur du satin incarnat, dans lequel il y avait des Reliques de notre R. P. Honoré, et quelques places vuides pour y mettre ce que je vous en donnay l'année passée le jour de la Visitation de la Très-Sainte Vierge, je me sens obligé de vous laisser un petit mot d'escript pour certifier à l'advenir que tout ce que je vous ai donné et qui est en ce susdict reliquaire est véritablement du corps du dict R. Père.

Moy, Frère Sylvestre, de Paris, Provincial, Capucin, bien qu'indigne, pour tesmoignage de la vérité, j'assure devant Dieu et ses Anges bienheureux que tout ce que j'ay donné à la R.^{de} Me Jeanne, Abesse des Religieuses de Sainte-Claire, de cette ville d'Amyens, est véritablement des Reliques du corps du R. Père Honoré, de Champigny, Capucin, qui me furent données à Chaumont, à l'ouverture de sa sépulture qui en fut faicte, avec la permission tant de Monsieur le Révérendissime Evesque de Langres que du R. P. Provincial, et ce, en la présence des Pères Gardiens des Capucins de Chaumont et de Langres et des Religieux.

La disposition du dict reliquaire est telle : il est forme de niche enfoncée, de demy-pouce, avec ses deux recouvrements ou petites portes. Au milieu, il y a le portrait au naturel depeint sur du cuivre. Au costé droit, dans une forme de cœur, est de la chair reduite en poudre et rassemblée avec de la gomme qui la cole sur ce cœur. Au costé gauche, dans une autre forme de cœur, est de la peau de son corps colée aussy avec de la gomme. Au-dessous de l'image est un petit os de cette longueur ▬▬▬▬▬▬▬▬ (6 centimètres), et au-dessus de l'image, dans un petit demi-rond, est le petit cordon de sa corde, duquel voicy aussy la longueur ▬▬▬▬▬▬▬▬ (6 centimètres et demi). Sur les deux recouvrements, dans des formes de cœur, est le petit os de la cheville du pied droit que j'ai fait scier en deux ; et au-dessus de ces os, sur les deux recouvrements et dans deux pettis demi-ronds, d'un costé il y a de l'habit à demy-pourry dans lequel son corps a esté et est encore enterré, et de l'aultre est un petit morceau du ruban du bandeau de teste qu'il avait en sa mort.

Faict ce 5 apvril de l'an 1633, auquel nous faisions la feste de l'Ange Gabriel.

F. Sylvestre, comme dessus, qui en toute humilité vous prie toutes de supplier nostre Dieu de luy faire miséricorde, par les mérites des intercessions du susdict R. Père Honoré.

Au nom de Notre Seigneur Jésus-Christ. Amen.

« Ce précieux reliquaire a été renouvelé en 1775, avec la permission de la R^{de} Mère de Saint-Pierre, pour lors Abbesse des Religieuses de Sainte-Claire, de cette ville d'Amiens L'on y a changé l'ordre des Reliques. Aux deux coins du haut est du bandeau du R. P.; aux deux coins du bas est de sa corde. Les reliques du milieu sont cinq de ses ossements : au-dessus, dans le milieu, est de sa chair, de sa peau, et de son sang ; et au bas, de son habit, de son estomac, et de son manteau. » — *Archives.*

2° Extraits des *Registres* et de la *Liste des merveilles,* etc. et de l'Histoire de la Vie, etc. du R. P. Honoré, par le P. Henry de Calais, pages 353-357, — édition de 1864.

Nota. — Je ne juge pas les faits suivants ; je ne les cite que pour montrer qu'avant 1793, on possédait déjà quelques ossements du R. P. Honoré.

En 1635, une petite fille, âgée de huit ans, nommée Nicolle, de la Prevôté de Neuilly, près Chaumont, fut frappée soudain de paralysie dans la moitié du corps ; son côté droit était entièrement privé de mouvement et de sentiment, on enfonçait des aiguilles et des épingles dans sa chair sans qu'elle en éprouvât la plus légère douleur. Sa langue était prise au point de ne pouvoir que bégayer ; sa vue était trouble et son esprit s'égarait. Ses parents n'avaient aucun espoir de guérison pour elle. On conseilla à sa mère d'avoir recours au P. Honoré ; elle le fit à l'instant, et se mettant à genoux, elle lui promit que s'il lui plaisait de rendre la santé à sa fille, elle irait à Chaumont faire une neuvaine à son tombeau. Ce vœu fait, madame de Neuilly fit apporter la petite Nicolle à son château, puis elle trempa un OSSEMENT du P. Honoré dans de l'eau, elle lui en fit boire une partie, et avala le reste, elle lava le côté paralysé, et la petite fille s'endormit aussitôt. Son sommeil fut de courte durée ; à son réveil, la dame lui demanda comment elle se trouvait, elle répondit : *Fort bien ;* ensuite elle lui dit : *Fais le signe de la croix,* ce qu'elle fit avec son bras qui peu auparavant était paralysé ; enfin elle lui dit : *Lève-toi,* ce qu'elle fit aussitôt.

En 1637. — Anne Milot, de Chaumont, âgée de cinq ans et demi, fut frappée d'apoplexie, et elle resta sans mouvement depuis huit heures du matin jusqu'à cinq heures du soir. On eut recours à toute sorte de moyens pour la faire revenir : on versa dans sa bouche une quantité d'eau impériale, on lui appliqua les ventouses, on la tenailla en tout sens sans pouvoir la ramener au sentiment. Déjà on la considérait comme morte, lorsque son père courut la recommander au tombeau du P. Honoré. Bientôt après, il rentra à la maison portant à la main UN PETIT OSSEMENT du Serviteur de Dieu ; il le plaça sur l'estomac de son enfant, et immédiatement elle ouvrit les yeux, demanda du pain, se leva et marcha avec tant de facilité que, se joignant aux autres petits enfants, elle se prit à courir avec eux, et depuis ce temps-là, elle s'est toujours bien portée.

3° Quelques familles possèdent des Ossements du P. Honoré. La provenance des Reliquaires où sont enchâssées les parcelles d'ossements, la forme elle-même des Reliquaires, la suscription placée sur les parcelles, le respect religieux à leur endroit, transmis de génération en génération, témoignent en faveur de l'authenticité.

Dans les environs de Chaumont il existe un petit Reliquaire contenant un ossement et de la *peau de l'estomac.* Ce Reliquaire est la propriété de la fabrique de l'église du village ; mais on ne l'expose pas à la vénération publique. Ces parcelles appartiennent évidemment à cette classe des petits ossements pris en 1632. C'est le même tissu, la même teinte, etc.

D'autres familles possèdent, ou ont remis au *Tribunal*

ecclésiastique, des fragments plus considérables d'ossements pris à l'ouverture de la tombe en 1793 :

1.° La partie supérieure d'un fémur droit, privé de sa tête et du grand trochanter coupé avec un instrument tranchant. Cet os, long de seize centimètres, a été divisé avec une scie.

2° Une portion de l'os iliaque comprenant une légère partie de la cavité cotyloïde, bordée par la partie postérieure du sourcil cotyloïdien, une portion de la fosse iliaque interne et l'épine iliaque antérieure et inférieure ; ce fragment a été divisé partie avec une scie, partie par arrachements et brisures.

3° Un fragment de l'extrémité supérieure d'un tibia, probablement du côté droit.

4° La moitié inférieure d'un tibia gauche, longue de dix-neuf centimètres ; cet os a été divisé avec une scie et est privé en la majeure partie de la tubérosité articulaire postérieure et de la tubérosité articulaire interne.

Ces ossements ont une ossification très-complète et identique qui permet d'attribuer l'âge d'environ soixante ans au sujet auquel ils ont appartenu, les rugosités musculaires fortement prononcées sur le fémur aussi bien que la force de cet os sont des caractères du sexe masculin de ce sujet.

La conservation de ces os, qui ont la dureté et la sonorité de l'ivoire, est parfaite ; il est évident qu'ils ont été dans des conditions très-favorables et toutes spéciales, qui les font distinguer des ossements ordinaires.

5° Quelques fragments semblables à des éclats de marbre, sciés ou coupés avec un instrument tranchant, tel qu'un marteau de couvreur ou une hachette, paraissent provenir des os ci-dessus désignés.

Un de ces fragments a été placé dans une petite boîte en carton et sur l'un des côtés du carton on lit **1794.**

CHAPITRE VII.

Que sont devenus les autres Ossements du P. Honoré?

Malgré les minutieuses recherches auxquelles on s'est livré, on n'a pu retrouver les autres Ossements du Serviteur de Dieu.

S'ils eussent été recueillis en 1793, ne les aurait-on pas conservés avec le même soin que l'ont été ceux que nous trouvons aujourd'hui?

D'autre part, on n'en trouve d'importants que dans les familles des trois Chaumontais employés par la Municipalité à *dépouiller les Eglises.*

Un témoin a assuré que M. Babouot, prêtre assermenté, les avait fait transporter dans un caveau de l'Eglise Saint-Jean-Baptiste.

Un autre a déclaré avoir entendu raconter par sa mère qu'on les avait placés au Cimetière en avant du Sépulcre.

Ces deux témoignages supportent-ils l'examen?

1° Si les Ossements eussent été transportés à Saint-Jean, les ouvriers l'auraient dit; et n'est-il pas à présumer que le peuple serait venu y prier? Car Saint-Jean n'était pas encore interdit au culte religieux; et, d'ailleurs, l'Eglise n'a jamais été fermée : elle servait aux réunions et fêtes républicaines.

Un fait pouvait néanmoins légitimer une fouille dans le caveau, et donner une certaine valeur à la déposition.

Ce caveau a été ouvert il y a dix-huit ou vingt ans. Il était rempli des débris de la chapelle Baudrecourt, de têtes de statues mutilées, de pierres et de gravier. Parmi les débris on trouva beaucoup d'ossements, et parmi eux une planche qui avait appartenu à un cercueil fermant à clef. Après cette planche était une espèce de ferrement assez semblable à ceux qui fermaient la cassette dans laquelle on avait déposé les Ossements du P. Honoré, en 1636. Une première visite au caveau n'a amené aucun résultat; la planche et son ferrement existent, mais on en connaît la provenance.

2° Le second témoignage ne présenterait de probabilité qu'autant qu'il réveillerait un. souvenir chez d'autres personnes. Or il y a sur ce point un silence absolu, et les descendants du témoin n'ont gardé aucun souvenir favorable à cette opinion.

Ne peut-on pas supposer que les ouvriers, après avoir ouvert le cercueil et pris les Ossements ci-dessus désignés, ont rejeté les autres à l'endroit même d'où ils les avaient tirés?

Le silence des ouvriers sur le transport des Ossements pour leur donner une autre sépulture et les soustraire à la profanation, ne rend-il pas cette supposition vraisemblable?

Cette supposition admise, les Ossements devraient encore être à leur place.

Mais M. Jolibois assure, dans l'*Histoire de la ville,* à la page 413 : « que le sol de cette chapelle a été plu- » sieurs fois remué depuis, et qu'on en a exhumé toutes » les Sépultures qui s'y trouvaient. »

De 1613 à 1787 — 103 Religieux étaient morts dans le Couvent de Chaumont et d'après l'usage de l'Ordre, ils avaient dû être enterrés dans l'Eglise.

1° La première exhumation dont il soit fait mention remonte au mois de février 1805. Le *registre* des délibérations indique que *le 19 février* de cette année, la ville paya *deux cents francs pour l'exhumation des ossements qui se trouvaient aux Cimetières de Notre-Dame-de-Lorette et des Capucins.*

2° En 1806, quand la ville eut acheté la propriété, elle disposa l'intérieur de l'Eglise en salle de spectacle.

L'examen des plans et des devis pour les travaux à exécuter, permet de croire que le sol du milieu ne fut pas remué, car il n'est question que de percer des fenêtres, de consolider les murs et d'ouvrir la porte qui, aujourd'hui encore, sert d'entrée. Les autres travaux regardaient la décoration.

3° En 1827 on éleva la scène, on fit le rond-point et les loges.

Il fallut abaisser le sol, comme on le constate facilement ; mais on n'eut pas à fouiller jusqu'à la profondeur du tombeau. Au reste, on ne descendit pas jusqu'à lui : le mur s'arrête plus haut ; et l'*Histoire de la ville* signale comme le lieu du tombeau l'endroit destiné à l'orchestre.

4° En 1845, on établit le calorifère. Alors on recueillit une assez grande quantité d'ossements qu'on renferma dans un cercueil et qu'on porta au grand Cimetière. (*Reg. de la Fabrique.*)

On peut conclure de tout ce qui précède : 1° que les exhumations ont eu lieu partiellement ; 2° que si les Ossements du Serviteur de Dieu ont été replacés dans la terre, quand on s'empara du cercueil de plomb, ils ont dû rester intacts jusqu'en 1845. L'inspection du terrain pouvait seule nous dire s'ils y sont encore.

L'année dernière, M. le Maire de Chaumont, dont le cœur et l'intelligence appartiennent à ses concitoyens, voulut bien la permettre. Une large tranchée fut ouverte dans l'axe même de la salle. On descendit à une profondeur assez grande, et l'on ne trouva ni la caisse, ni les Ossements.

Une observation se présente. Le Procès-Verbal dressé après la visite du tombeau, dit : *In medio Ecclesiæ* : au milieu de l'Eglise ; mais il ajoute : *Ante Crucifixum* : devant le Crucifix, en face du Crucifix, ou au pied du Crucifix.

Si le Crucifix s'élevait au-dessus de l'appui de communion, il faut entendre par le *milieu,* l'axe de l'Eglise.

Mais chez les Capucins, le Crucifix se place vis-à-vis la chaire. Dans ce cas, *le milieu* s'entend quant à la longueur, et non quant à la largeur de l'Eglise ; et ces mots *ante Crucifixum,* indiquent que le tombeau se trouvait sur le côté, au pied du Crucifix, ou un peu en avant du Crucifix ; ce qui paraît plus probable, car la petite grille de fer qui environnait la tombe eût gêné la circulation.

De quel côté se trouvait le Crucifix ? était-ce à droite ou à gauche ? on ne le sait pas.

Enfin, si l'on acceptait cette dernière explication, il serait encore nécessaire de se rendre compte des travaux exécutés soit en 1827, quand on dressa les poteaux ou piliers qui soutiennent les loges, soit en 1845, quand on établit le calorifère et qu'on le promena dans la salle.

Si les Ossements ont été transportés au cimetière de la ville, on connaît le lieu où furent placés soit ceux exhumés en 1845, soit ceux exhumés précédemment des différentes Eglises ou des Cimetières des Communautés supprimées ; il serait donc facile de les retrouver.

CHAPITRE VIII.

Comment on peut constater l'identité des Ossements.

1° L'anatomie comparée permet de rétablir le corps entier. On possède plus d'ossements qu'il est necessaire pour cette étude.

2° Le corps a été placé en terre sans cercueil, il est vrai, selon les usages de l'Ordre ; mais il était enveloppé d'un habit de laine brune. Les chairs se sont consommées dans cet habit, et l'habit, en se consommant le dernier, non-seulement a préservé les os du contact immédiat de la terre, mais a dû leur donner une teinte spéciale.

3° En 1636, les Ossements reçurent une préparation : on les lava dans un bain de vin mêlé d'eau ; c'est pourquoi on aperçoit sur les Ossements conservés une teinte violacée dans certaines parties du tissu spongieux, et même sur l'un d'eux dans un endroit mis à nu par l'ablation de la substance corticale au moment de cette préparation.

A quelques-unes de ces marques on pourra *assez facilement* reconnaître les Ossements. Et je dis *assez facilement*, parce qu'il ne faut pas perdre de vue que depuis soixante-onze ans ils doivent être en contact immédiat avec la terre ou exposés à l'humidité.

GÉNÉALOGIE

DU T. R. P. HONORÉ BOCHART DE CHAMPIGNY.

BOCHART.

Côté paternel.

Armes : D'azur à un croissant d'or, abaissé sous une étoile de même.

(*Nota.* La pointe de l'étoile devrait être en haut).

BOCHART. La famille de Bochart, originaire de Bourgogne, a produit de grands hommes.

I. GUILLAUME Bochart, seigneur de Noroi, gentilhomme-servant du roi Charles VII, était de Vezelai, en Bourgogne. Il épousa *Catherine* Flamier, dont il eut JEAN I, *qui suit; Pierre,* official de Beauvais ; *Henri,* chantre de la même église ; *Louise,* femme de *Jacques* de Beze, bailli de Vezelai ; et *Magdelène* Bochart, femme de *Guillaume* Arbaleste.

II. JEAN BOCHART I de ce nom, seigneur de Noroi, conseiller au parlement de Paris, en 1490, épousa *Jacqueline* de Hacqueville, fille de *Jacques,* échevin de la ville de Paris, et de *Gillette* Hennequin. C'était un sage magistrat, qui fut proposé pour être premier président. Il eut *Antoine,* avocat au parlement, qui était seigneur de Farinvilliers et d'Ons-en-Brai. *Claude* Bochart, sa fille, et de *Françoise* Gayant, sa première femme, fut mariée, par contrat du 26 mars 1548, avec *François* de la Porte, avocat au parlement de Paris, et en eut *Susanne* de la Porte, mère du cardinal de Richelieu. Jean II, *qui suit; Nicolas,* abbé de Sulli ; et *Magdelène,* femme de *Nicolas* Le Coq, président en la cour des aides, etc.

III. Jean Bochart II du nom, avocat au parlement de Paris, se signala par ce plaidoyer hardi qu'il prononça en présence du roi François 1er, touchant la Pragmatique-Sanction, contre le concordat. Cette hardiesse lui fit faire des affaires à la cour : il fut mis en prison, et n'en sortit que deux ans après, à la prière du maréchal d'Annebaut, qui était son ami particulier. Il épousa *Jeanne* Simon, nièce de *Jean* Simon, évêque de Paris, lequel lui donna la terre de Champigny. Il eut de ce mariage Jean III, *qui suit; Pierre,* prieur de Thou-sur-Marne ; *Etienne, qui a fait la branche de* Menillet; *Catherine,* femme d'*Antoine* Minard, président au parlement; *Marie,* alliée à *Jacques* le Lieur, et *Jeanne* Bochart, alliée à *Nicolas* Charles, seigneur de Plessis-Piquet, et bisaïeule du maréchal de la Meilleraye.

IV. Jean Bochart III du nom, seigneur de Champigny et de Noroi, eut de *Jeanne* Tronçon, Jean IV, *qui suit;* Robert, *qui a fait la branche de* Borde; *Claude,* seigneur de Cauroi, père de *Samuel* Bochart de Cauroi; *Antoine,* prieur de Ville-Mez; *Jeanne,* femme de *Guillaume* Lotin, seigneur de Charni, maître des comptes ; *Denyse,* femme de *Jacques* de Rouville, seigneur de Muez;

Catherine, femme de *Jean* Luillier, seigneur de Chalandas, conseiller au parlement; *Anne,* femme de *Germain* Teste, seigneur de la Chaussée ; et *Louise,* femme de *Jean* de Brion, seigneur de l'Hospitau, conseiller au parlement.

V. Jean Bochart IV du nom, conseiller au parlement, maître des requêtes, puis conseiller d'Etat ordinaire, en 1596, épousa *Isabelle* Allegrain, dont il eut Jean V, *qui suit;* Charles, Capucin, Mort en 1624, appelé Honoré de Champigny, ou de Paris, parce qu'il est né à Paris ; *Pierre,* Bénédictin à Saint-Denys, en France ; *Christophe,* Chartreux, mort en 1644 ; *Jean, qui a fait la branche des seigneurs de* Marmoulin ; Paul, Capucin ; *Antoine; Marie,* femme, en premières noces, de *Guillaume* Gomer, seigneur de Cuignières, et en secondes, de *Pierre* de Prouville, sergent-major de la citadelle d'Amiens ; et *Magdelène* Bochart, femme de *Jean* Sublet, seigneur des Noyers, maître des comptes.

VI. Jean Bochart V du nom, premier président au parlement de Paris, mourut en 1630. Il avait épousé en premières noces *Magdelène* de Neufville, dont il eut Jean VI, *qui suit;* et *Marie,* femme d'*Edouard* Molé, conseiller au parlement. Il prit une seconde alliance avec *Lia* de Vigny, dont il eut *François* Bochart, *qui fit la branche de* Saron, dont il sera parlé ci-après ; *Marc* Bochart, chanoine de Paris ; *Lia* Bochart, femme de *François* de la Guette, seigneur de Chazai, maître des requêtes ; et *Marie* Bochart, religieuse à Variville, en Beauvoisis.

VII. Jean Bochart VI du nom, seigneur de Champigny, et conseiller d'Etat, mort en 1647, eut pour fils, de *Marguerite* le Charon, son épouse :

VIII. Jean Bochart VII du nom, conseiller du roi au

*

grand conseil, maître des requêtes, intendant de justice en Normandie, mort en 1691, qui, de *Marie* de Boivin, a laissé plusieurs enfants, savoir : 1. JEAN, *qui suit;* 2. *Gui*, chevalier de Malte, tué au siége de Nimègue, en 1672 ; 3. *Guillaume*, docteur en théologie de la faculté de Paris, archidiacre de Rouen, grand-vicaire de Pontoise, puis évêque de Valence, mort le 4 juillet 1705, étant député à l'assemblée du clergé ; 4. *Henri*, abbé d'Auberive, conseiller du roi en tous ses conseils, prévôt de Saint-Pierre, de Lille en Flandre, et commissaire de Sa Majesté pour le renouvellement du magistrat de cette ville, mort le 11 février 1731 ; 5. *Antoine*, chef d'escadre, commandeur de l'ordre de Saint-Louis, conseiller au conseil de marine, lieutenant-général des armées navales, mort le 23 octobre 1720, en sa soixante-dixième année ; 6. *Antoine* Bochart, conseiller du roi en ses conseils, doyen de l'église de Chartres, puis trésorier de la Sainte-Chapelle de Paris, mort à Paris, le 8 avril 1739, âgé d'environ 86 ans ; 7. *Marguerite*, veuve de *Jean-Paul* de Bournel, marquis de Mouchi, morte le 19 octobre 1724 ; *Françoise, Marie, Catherine* et *Catherine-Honorée*, toutes quatre religieuses ; et *Magdelène*, abbesse de l'abbaye royale d'Estrun en Artois, morte le 3 mars 1740.

IX. JEAN BOCHART VIII du nom, seigneur de Champigny et de Noroi, nommé, en 1686, intendant de justice, police, finances et marine en Canada, Acadie, îles et terre ferme de l'Amérique, en fut rappelé et nommé au mois de mai 1701, intendant de la marine au Havre-de-Grâce ; il mourut au mois de décembre 1720, ayant été marié avec *Marie-Magdelène* de Chapoux, dame de Verneuil et du Plessis-Savari, morte en 1718, fille de *Jacques* Chapoux, seigneur de Verneuil, trésorier de France à Tours, et d'*Esther* d'Archambault. De ce mariage vinrent *Jean-Alphonse* Bochart de Champigny, prêtre, chanoine et chantre de la Sainte-Chapelle du Palais, à Paris, mort le 15 novembre 1723, âgé de 47 ans; *Magdelène* et *Françoise* Bochart; Jacques-Charles Bochart, seigneur de Champigny, *qui suit; Guillaume* Bochart; *Marie* Bochart; et *Jean-Paul* Bochart de Champigny, dont il va être parlé plus loin.

X. Jacques-Charles Bochart, seigneur de Champigny, de Noroi et de Poinci, enseigne, puis lieutenant de vaisseau au mois de décembre 1702, commandant de l'ordre militaire de Saint-Louis, fait capitaine de frégate le 25 novembre 1712, puis gouverneur de la Martinique, et créé capitaine de vaisseau au mois de mars 1727, mourut le 20 mai 1754. Il avait été marié le 27 mai 1706 avec *Marie-Magdelène* de Boisseret, fille de *Louis* de Boisseret, marquis de Sainte-Marie, et de *Catherine* de Longvilliers. Elle mourut à Paris, le 26 mai 1716, à l'âge de 34 ans, et fut inhumée aux Blancs-Manteaux. Les enfants que Jacques-Charles Bochart a eu de son mariage, sont : 1° *Marie-Magdelène,* morte le 16 juillet 1716, âgée de 9 ans; 2° *Marie-Elizabeth,* mariée à *Charles-Valentin* de Lastre, comte de Neuville; 3° *Jean, qui suit;* 4° *Marie-Magdelène,* religieuse carmélite; 5 *Antoine-Louis,* mort le 10 octobre 1716, âgé de six mois.

XI. Jean Bochart IX du nom, seigneur de Champigny, de Noroi, de Poinci, marquis de Sainte-Marie, en Amérique, colonel d'infanterie par une commission du mois d'avril 1747, né le 22 septembre 1712; mort sans postérité.

Nota. Après la mort du précédent, le marquisat passa au fils aîné de son oncle, *Jean-Paul* Bochart, fils de *Jean* VIII.

Jean-Paul Bochart était entré dans le régiment des gardes françaises en 1709, où il fut successivement enseigne, sous-lieutenant, lieutenant en 1712, et enfin capitaine en 1720, et chevalier de l'Ordre militaire de Saint-Louis, maréchal des camps et armées du roi, le 15 mars 1740, capitaine d'une compagnie de grenadiers du régiment des gardes françaises, le 2 mai 1733, maréchal de camp et major-général des armées de Sa Majesté en Bohême, mort le 20 mars 1743 à Straubingen. Il avait été marié le 27 juin 1729 avec *Anne-Etiennette* de Meuves, dame du marquisat des Landes, Normanville, veuve de *Pierre* de Turmenies, maître de la chambre aux deniers du roi, mort le 18 septembre 1726, et en a eu *Frédéric* Bochart de Champigny, né le 3 juillet 1730, et une fille, née le 17 juillet 1732, tous deux morts en bas âge ; *Alexandre-Conrad, qui suit; Anne-Louise,* née le 17 novembre 1734, mariée le 31 mars 1754 à *Jean-François-Alexandre* de Bernard, chevalier de Saint-Louis, marquis de Champigny, comte de Montgon. Ils ont eu deux enfants, une fille mariée à M. le comte d'Aubigny, et un garçon qui a épousé une demoiselle de la Picardie, fort riche ; *Anne-Marguerite-Sévère,* née le 2 septembre 1736 ; *Jean,* né le 6 décembre 1737, prince de Margelle, reçu chanoine de l'Eglise de Paris le 2 février 1751 ; *Antoine-Jean,* né le 10 février 1739, mort en bas âge ; *Anne-Philippe,* né le 14 mai 1740, qui est entré garde de la marine en 1755; *Anne-Thérèse,* née le 6 septembre 1741.

XII. Alexandre-Conrad-Bochart, marquis de Champigny, né le 24 octobre 1733, officier au régiment des gardes françaises en 1750, mort le 14 février 1822, ayant épousé Adélaïde-Catherine-Désirée de Bérulle, décédée à Paris le 14 janvier 1773, âgée de 23 ans, dont il eut : 1° Amable-Adélaïde-Louise de Champigny, décédée le 4 juin 1823, veuve de Ferdinand-Georges-Amable de la Roque, comte de Ménillet ; 2° AMABLE-JEAN-CONRAD, *qui suit.*

XIII. AMABLE-JEAN-CONRAD BOCHART, comte de Champigny, décédé le 5 juillet 1821, marié à Louise-Caroline de Seyssel, décédée le 6 avril 1829, il en eut : 1° JEAN, *qui suit ;* 2° *Louis-Achille* Bochart de Champigny, né le 1er septembre 1820, décédé le 25 mars 1822.

XIV. JEAN BOCHART, marquis de Champigny, né le 1er novembre 1819, marié à Louise-Victorine de Jaham, de laquelle il a Conrad Bochart de Champigny, né le 5 juin 1846.

Branche de Saron.

XII. FRANÇOIS BOCHART, seigneur de Saron, second fils de Jean V, marié à *Marie* Luillier, de laquelle il eut : 1° JEAN, *qui suit ;* 2° *François* Bochart de Saron, évêque de Clermont ; 3° Nicolas ; 4° Honoré, chevalier de Malte ; 5° *Louis-Alphonse ;* 6° *Marie* Bochart, mariée à Réné DE MARILLAC.

VIII. JEAN BOCHART, seigneur de Saron, marié à *Marie* Casel de Vautorte, de laquelle 1° Etienne, *qui suit ;* 2° *Jean-Jacques ;* 3° *François ;* 4° et 5° deux filles religieuses.

IX. ETIENNE Bochart, seigneur de Saron, marié à *Jeanne-Philiberte* Camus de Pont-Carré, de laquelle il eut : 1° *Jean-Baptiste* Bochart, seigneur de Saron, *qui suit ;* 2° *Elie* Bochart de Saron.

X. JEAN-BAPTISTE Bochart, seigneur de Saron, marié

à *Marie Anne* Brayer, de laquelle il eut un fils, *qui suit.*

XI. JEAN-BAPTISTE Bochart, etc., etc. (*Moréri, T.* i.)

Autres branches.

1°.

DE LALANDE ET MARMOULIN.

Jean-Charles Bochart, frère du T.-R. P. HONORÉ, forma la branche de Lalande et de Marmoulin (d'autres disent Mourmoulin); marié à Catherine Fernicle, il en eut cinq enfants.

Parmi les premières alliances, on voit : de Viole, de Chaudon, de le Hardy, Martin d'Estienblet, de Gille-Fosse, etc., etc.

2°.

DE LA BORDE.

Robert Bochart, 2ᵉ fils de Jean Bochart III, forma la branche De la Borde. Alliances : Jeanne Tronçon, Nicot de Villemain, etc.

3°.

DU MÉNILLET.

Etienne Bochart, 4ᵉ fils de Jean Bochart et Jeanne Simon, forma cette branche. Alliances : Marie Blot, Jeanne de Forges, Esther Du Moulin, Berger, Cormont De Villeneuve, Gayant, etc.

On voit encore d'autres alliances très-belles, parmi lesquelles Molé de Troyes, seigneur de Juzanvigny, de la Guette-Charny, Sublet des Noyers, de Loyac, seigneur de la Bachelerie et de Marmoulin, etc., etc., etc.

ALLEGRAIN.

Côté maternel.

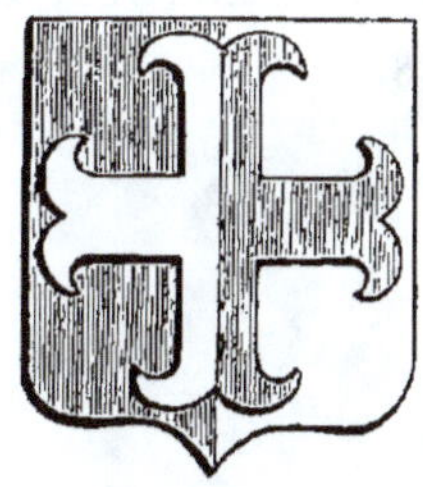

Armes : Party de gueule et d'argent, croix ancrée de l'un en l'autre.

En parlant de la famille des Allegrains (quelques auteurs ont écrit *Allegrins*), Blanchart dit : *Elle se peut dire sans contredit une des plus anciennes et mieux alliées de la Robe.*

En effet, on voit :

1383. J. Allegrain, conseiller au parlement.

1437. Simon Allegrain, conseiller au parlement, seigneur de Dian, Valance en Brie.

1462. Guillaume Allegrain ; il eut *Eustache,* maître des requêtes sous Charles VIII ; *Jacques,* conseiller, etc. ; *Jeanne,* abbesse ; *Ambroise,* mariée à Tristan des Fontaines, et *Guillemette,* mariée à Pierre Renault, seigneur de Montmort.

1520. Jacques Allegrain, second fils du précédent; marié quatre fois : 1° à Claude de Marle ; 2° Claude Vigneron ; 3° Claude de Norry, et 4° Marie de Villers, nièce de Philippe de Villers, seigneur de l'Isle-Adam, grand-maître de Malte, etc., etc.

1541. Louis Allegrain, 4e fils d'Eustache ; il épousa Louise Briçonnet, fe de Guillaume Briçonnet, dont il n'eut que des filles : 1° Catherine, mariée à Jean Huraut; 2° Françoise, mariée à Christophe de Thou ; 3° Marie; 4° Anne, religieuse ; 5° Isabelle, mère du T.-R. P. Honoré Bochart de Champigny.

1555. Le 22 novembre est nommé conseiller au parlement : Jacques Allegrain, fils aîné de Jacques, et seigneur de la Mothe et d'Amblainvillers.

Etc., etc.

TABLE.

Troyes. — Bertrand-Hu, Imprimeur de l'Evêché.